Impressum
Verlag: BABADADA GmbH, Nedderfeld 112 , 22529 Hamburg
Geschäftsführer / Verlagsleitung: Harald Hof
Druck: Books on Demand GmbH, In de Tarpen 42, 22848 Norderstedt

Imprint
Publisher: BABADADA GmbH, Nedderfeld 112 , 22529 Hamburg, Germany
Managing Director / Publishing direction: Harald Hof
Print: Books on Demand GmbH, In de Tarpen 42, 22848 Norderstedt

escola

sekoly

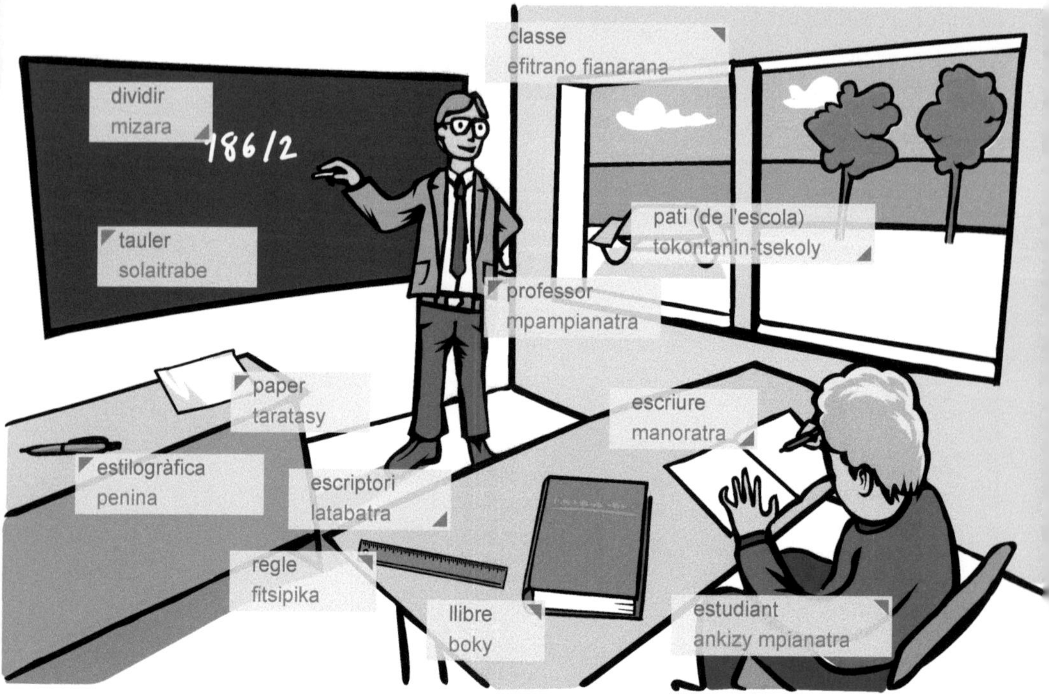

classe
efitrano fianarana
dividir
mizara
186/2
tauler
solaitrabe
pati (de l'escola)
tokontanin-tsekoly
professor
mpampianatra
paper
taratasy
escriure
manoratra
estilogràfica
penina
escriptori
latabatra
regle
fitsipika
llibre
boky
estudiant
ankizy mpianatra

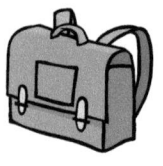

bossa
kitapo

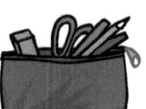

estoig
torosy

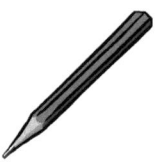

llapis
pensilihazo

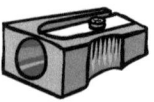

maquineta de fer punta
fandrangitana pensilihazo

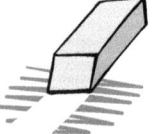

goma
gaoma

bloc de dibuix
karne fanaovana sary

dibuix

sary

pinzell

borosy fandokoana

capsa de pintures

boaty loko

tisores

hety

cola

lakaoly

quadern d'exercicis

kahie fampiasàna

deures

enti-mody

nombre

tarehi-marika

afegir

manampy

sostreure

manala

multiplicar

mampitombo

calcular

mikajy

lletra

taratasy

alfabet

abidia

hello

mot

teny

text
lahatsoratra

llegir
mamaky

lliçó
lesona

llibre de classe
boky fianarana

examen
fanadinana

certificat
sertifikà

uniforme escolar
fanamian'ny mpianatra

formació
fiofanana

enciclopèdia
raki-pahalalana

universitat
oniversite

microscopi
mikraoskaopy

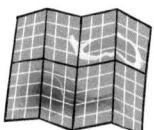

mapa
sarintany

paperera
fanariana fako taratasy

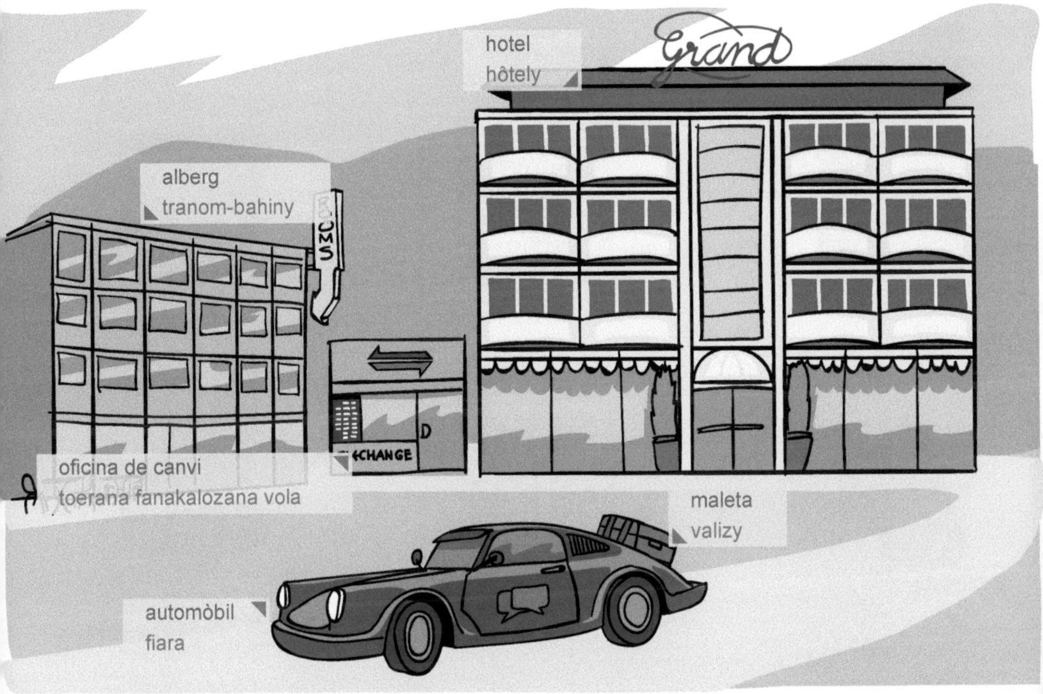

hotel
hôtely
Grand
alberg
tranom-bahiny
oficina de canvi
toerana fanakalozana vola
EXCHANGE
maleta
valizy
automòbil
fiara

llengua

fiteny

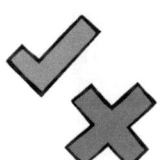

sí / no

eny / tsia

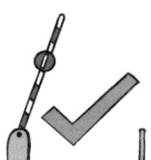

D'acord

Eny àry

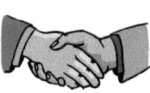

Ey!

salama

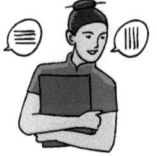

traductora

mpandika teny

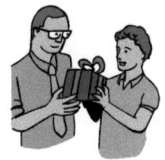

gràcies

Misaotra

Quant costa... ?

ohatrinona...?

No entenc

Tsy azoko izany

problema

olana

Bona nit!

Salama ô!

bon dia!

Arahaba tra-maraina e!

bona nit!

Tsara mandry ô!

fins aviat

veloma

direcció

fitantanana

bagatge

entan'ny mpandeha

bossa

harona

sarrona

kitapo

convidat

vahiny

cambra

efitrano

sac de dormir

fandriana enti-tànana

tenda

tanty

oficina de turisme

birao miandraikitra ny
fizahantany

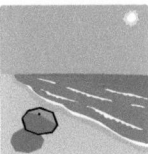

platja

moron-tsiraka

carta de crèdit

fahana amin'ny karatra

esmorzar

sakafo maraina

dinar

sakafo atoandro

sopar

sakafo hariva

bitllet

tapakila

ascensor

ascenseur

segell

hajia

frontera

tany manasaraka

duana

fadin-tseranana

ambaixada

ambasady

visat

visa

passaport

pasipaoro

transport
fitaterana

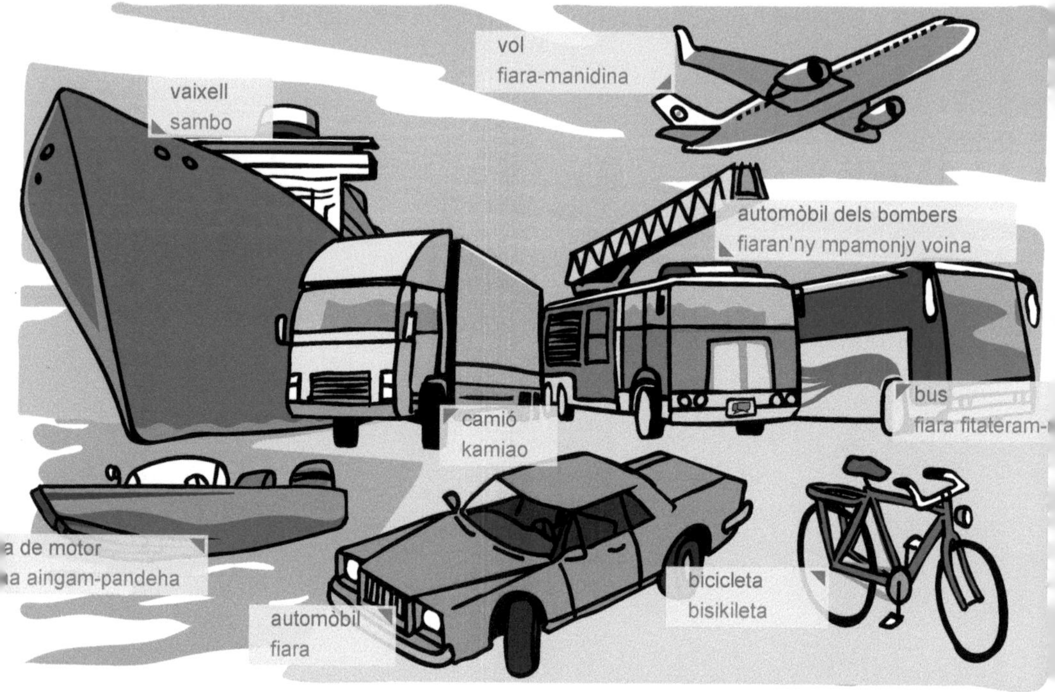
vol
fiara-manidina
vaixell
sambo
automòbil dels bombers
fiaran'ny mpamonjy voina
bus
fiara fitateram-
camió
kamiao
a de motor
a aingam-pandeha
bicicleta
bisikileta
automòbil
fiara

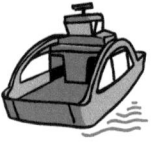

transbordador

sambobe

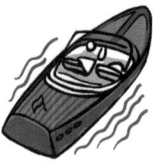

barca

sambo

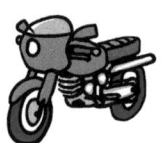

moto

môtô

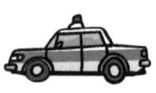

automòbil de policia

fiaran'ny polisy

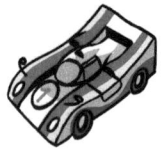

automòbil de curses

fiara mpihazakazaka

automòbil de lloguer

fiara fanofa

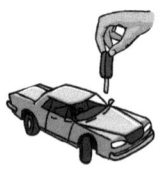

vehicle compartit

zara fiara

grua

fiara etsy babeko

camió de les escombraries

fiara mpitatitra fako

motor

môtera

benzina

solika

benzineria

tobin-tsolika

senyal de trànsit

tondro fifamoivoizana

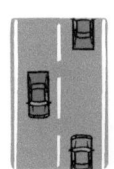

trànsit

fifamoivoizana

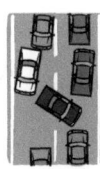

embús

fitohanan'ny fifamoivoizana

aparcament

fitobian'ny fiara

estació de trens

fiantsonan'ny fiaran-dalamby

vies

lalamby

tren

fiaran-dalamby

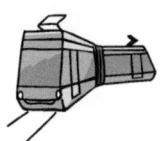

tramvia

tramway

vagó

kalesy

helicòpter

angidimby

aeroport

seranam-piaramanidina

torre

tilikambo

passatger

mpandeha

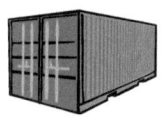

contenidor

kaontenera

capsa de cartó

baoritra

carretó

chariot

cistella

harona

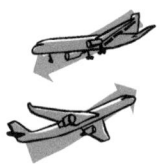

enlairar-se / aterrar

miainga / midina

ciutat

renivohitra

poble

ambanivohitra

centre de la ciutat

afovoan-tanàna

casa

trano

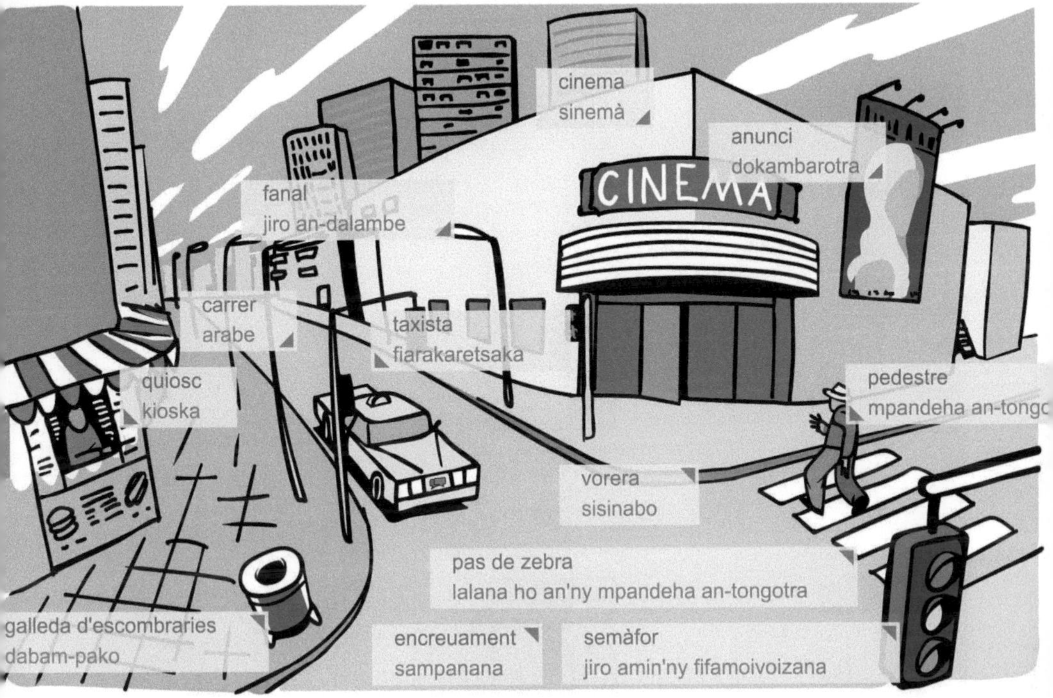

cinema
sinemà

anunci
dokambarotra

fanal
jiro an-dalambe

carrer
arabe

taxista
fiarakaretsaka

quiosc
kioska

pedestre
mpandeha an-tongo

vorera
sisinabo

pas de zebra
lalana ho an'ny mpandeha an-tongotra

galleda d'escombraries
dabam-pako

encreuament
sampanana

semàfor
jiro amin'ny fifamoivoizana

cabana
....
trano bongo

apartament
....
tranobe

estació de trens
....
fiantsonan'ny fiaran-
dalamby

casa de la vila-ciutat
....
firaisana

museu
....
donia

escola
....
sekoly

universitat

oniversite

banca

banky

hospital

hopitaly

hotel

hôtely

farmàcia

farmasia

oficina

birao

llibreria

fivarotam-boky

botiga

fivarotana

floristeria

mpivarotra voninkazo

supermercat

supermarché

mercat

tsena

gran magatzem

tranobe fivarotana

peixateria

mpivarotra trondro

centre comercial

toeram-pivarotana lehibe

port

seranana

parc

valan-javaboary

banc

latabatra

pont

tetezana

escala

totohatra

metro

metrô

túnel

tonelina

parada d'autobús

fiantsonan'ny fiara
mpitondra olona

bar

bara

restaurant

toeram-pisakafoanana

bústia de correu

boatin-taratasy paositra

senyal indicador

famantarana an-arabe

parquímetre

parcmètre

zoo

valan-javaboary

piscina

dobo filomanosana

mesquita

moskea

granja
toeram-pambolena

pol·lució
loto

cementiri
fasana

església
trano fiangonana

parc infantil
tokontany filalaovana

temple
tempoly

paisatge
endritany

fulla
ravina

cartell indicador
tondro famantarana

camí
làlana

prat
kijana

pedra
vato

excursionista
mpihani-bohitra

arbre
hazo

riu
renirano

gespa
bozaka

flor
voninkazo

14

vall

lemaka

muntanya

vohitra

llac

laka

bosc

ala

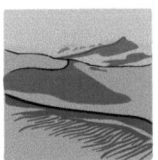

desert

tany hay

volcà

volkano

castell

rova

arc de Sant Martí

avana

bolet

holatra

palmera

hazom-boanio

moscard

moka

mosca

lalitra

formiga

vitsika

abella

tantely

aranya

hala

escarabat

voangory

granota

sahona

esquirol

vontsira

eriçó

trandraka

llebre

bitro

òliba

vorondolo

ocell

vorona

cigne

gisabe

senglar

lambo

cervo

cerf

ant

voalavo

presa

toha-drano

turbina

helisy ahodin-drivotra

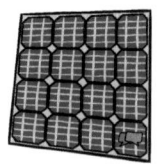

panell solar

takela-masoandro

clima

toetr'andro

restaurant
toeram-pisakafoanana

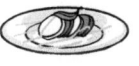

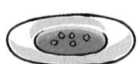

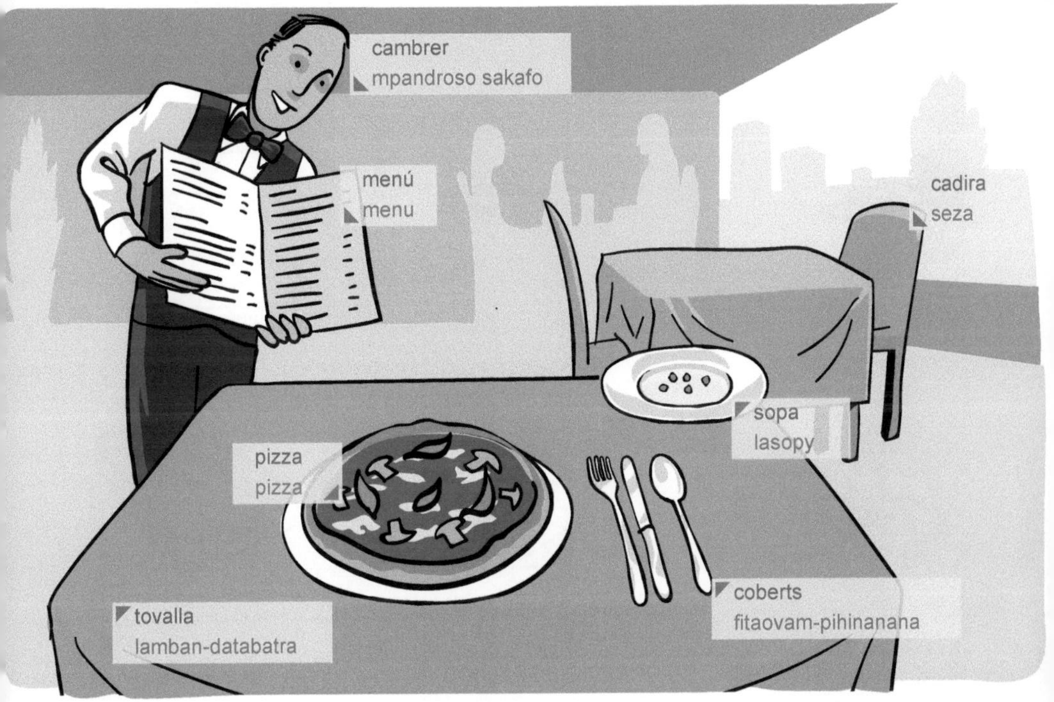
cambrer
mpandroso sakafo
menú
menu
cadira
seza
sopa
lasopy
pizza
pizza
tovalla
lamban-databatra
coberts
fitaovam-pihinanana

primer plat

entrée

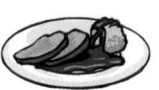

plat principal

sakafo fototra

darreries

desera

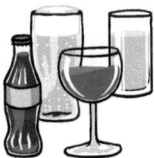

begudes

zava-pisotro

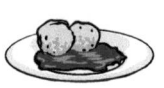

menjar

sakafo

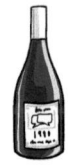

ampolla

tavoahangy

menjar ràpid

fast food

menjar de carrer

sakafo an-dalambe

tetera

fitoerana dite

sucrer

fitoeran-tsiramamy

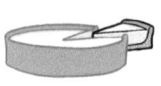

porció

singany

màquina d'espresso

milina espresso

trona

seza avo

factura

faktiora

plata

lovia fandrosoana sakafo

ganivet

antsy

forqueta

sotrorovitra

cullera

sotro

cullereta

sotrokely

tovalló

servieta

got

vera

plat
vilia

plat de sopa
vilian-dasopy

plateret
vilia bory

salsa
saosy

saler
fitoeran-tsira

molinet de pebre
milina dipoavatra

vinagre
vinaingitra

oli
solika

espècies
zava-manitra

quètxup
ketchup

mostassa
voan-tsinapy

maionesa
maionezy

supermercat
supermarché

oferta especial
fihenam-bidy
FOR
client
mpividy
productes lactis
sakafo avy amin'ny ronono
fruites
voankazo
carret de la compra
chariot

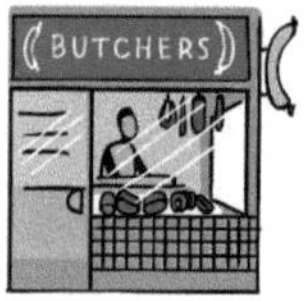

BUTCHERS

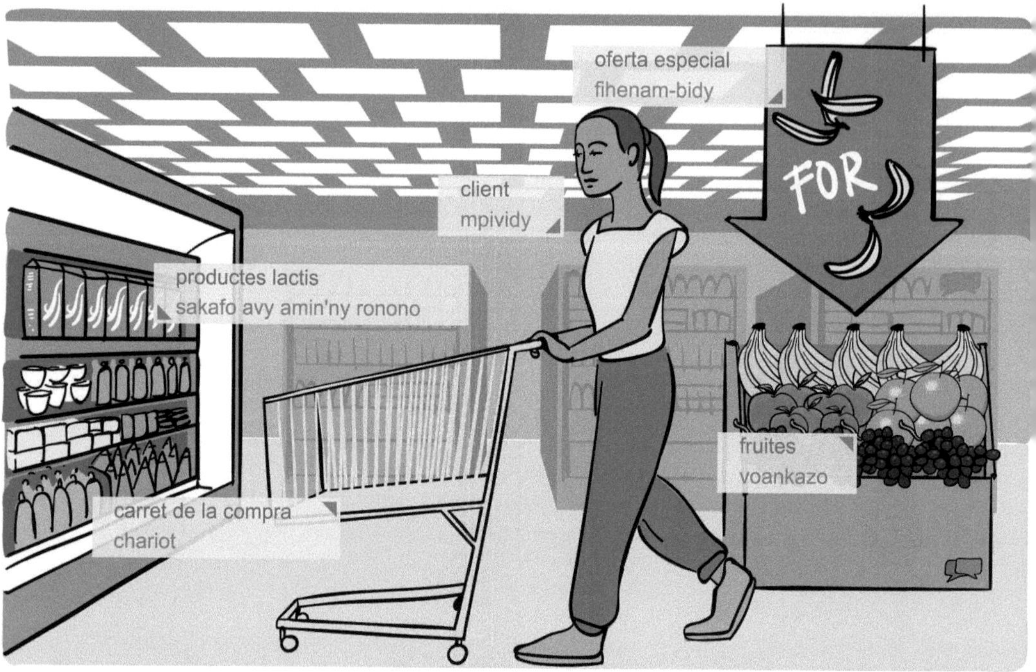

carnisseria
....
mpivaro-kena

BAKERY

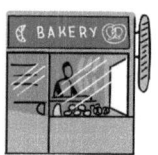

forn de pa
....
mpivarotra mofo

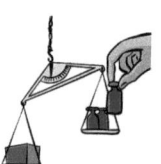

pesar
....
mandanja

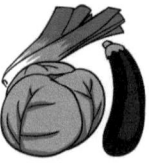

verdures
....
legioma

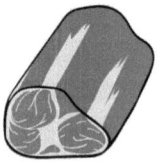

carn
....
hena

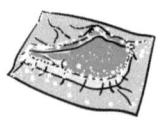

menjar congelat
....
sakafo nampangatsiahana

carn freda

hena voahendy

conserves

sakafo am-by fotsy

detergent en pols

vovon-tsavony

dolços

vatomamy

articles domèstics

fitaovana an-tokatrano

productes de neteja

fitaovana fanadiovana

venedora

mpivarotra

caixa registradora

toerana fandoavam-bola

caixera

mpandray vola

llista de la compra

lisitry ny zavatra vidiana

horari d'obertura

ora fiasana

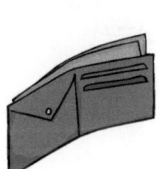

portamonedes

portefeuille

carta de crèdit

fahana amin'ny karatra

bossa

harona

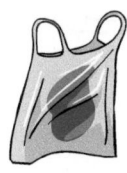

bossa de plàstic

harona plastika

aigua

rano

suc

ranom-boankazo

llet

ronono

coca-cola

coca

vi

divay

cervesa

labiera

alcohol

toaka

cacau

sôkôlà mafana

te

dite

cafè

kafe

espresso

espresso

cappuccino

cappuccino

banana

akondro

poma

paoma

taronja

laoranjy

síndria

voatango

llimona

voasarimakirana

pastanaga

karaoty

all

tongolo gasy

bambú

volobe

ceba

tongolo

bolet

holatra

avellanes

voamaina

fideus

paty

espaguetis

spaghetti

arròs

vary

amanida

salady

patates fregides

ovy frity

patates fregides

ovy voaendy

pizza

pizza

hamburguesa

hamburger

entrepà

sandwich

escalopa

didin-kena

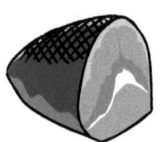

cuixot

lambo sira

salami

salami

salsitxa

saosisy

pollastre

akoho

rostit

hena mendy

peix

trondro

flocs de civada

varin-tsoavaly

musli

muesli

cereals

cornflakes

farina

lafarinina

croissant

croissant

panet

mofodipaina kely

pa

mofo

torrada

mofo natono

bescuits

bisky

mantega

dobera

mató

fromazy fotsy

pastís

mofomamy

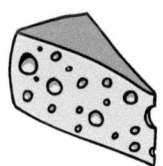

ou

atody

ou fregit

atody nendasina

formatge

fromazy

gelat

lagilasy

sucre

siramamy

mel

tantely

melmelada

kaonfitira

crema de xocolata

crème nougat

curri

curry

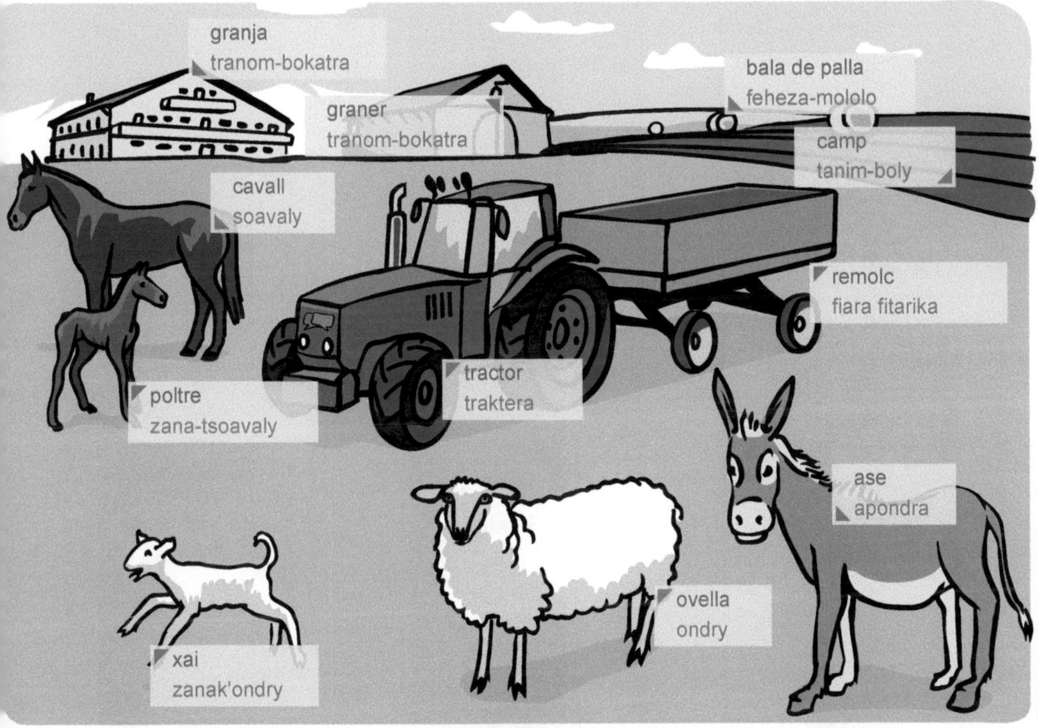

granja
tranom-bokatra

graner
tranom-bokatra

bala de palla
feheza-mololo

camp
tanim-boly

cavall
soavaly

remolc
fiara fitarika

poltre
zana-tsoavaly

tractor
traktera

ase
apondra

xai
zanak'ondry

ovella
ondry

cabra

osy

vaca

omby vavy

vedella

omby

porc

kisoa

garrí

zana-kisoa

bou

omby

oca
gisa

ànec
gana

poll
zanak'akoho

gall
akoho vavy

gallina
akoho lahy

rata
voalavo

gat
saka

ratolí
voalavo tondro

bou
omby

gos
alika

gossera
tranon'alika

mànega de regar
fantsona fanondrahana rano

regadora
fanondrahana

dalla
antsy biloka

arada
angadin'omby

falç
antsim-bilona

aixada
antsetra

forca
farango vy

destral
famaky

carretó
borety

abeurador
dababe

lletera
boatin-dronono

sac
harona

tanca
fefy

establa
tranom-biby

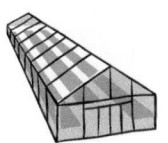

hivernacle
talatalan-jaridaina

sòl
tany

llavor
ambeoka

adob
zezika

collidora
milina mpijinja vokatra

collir

vokatra

collita

vokatra

nyam

saonjo

blat

varimbazaha

soja

saozaha

patata

ovy

blat de moro o d'indi

katsaka

colza

colza

arbre fruiter

hazo fihinam-boa

mandioca

mangahazo

cereals

voamadinika

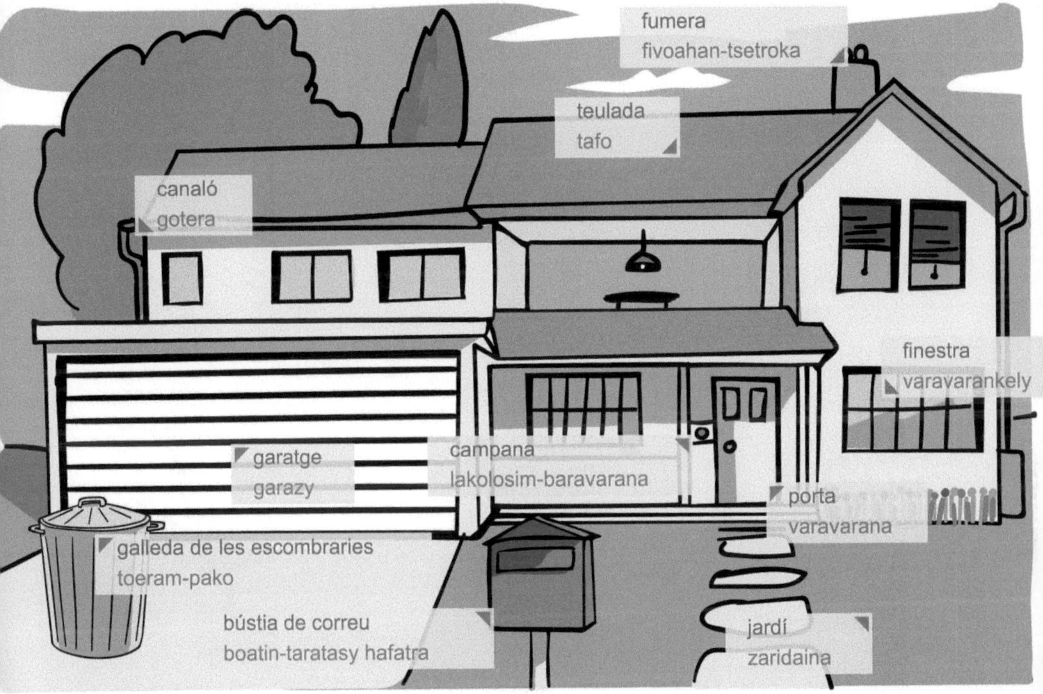

fumera
fivoahan-tsetroka

teulada
tafo

canaló
gotera

finestra
varavarankely

garatge
garazy

campana
lakolosim-baravarana

porta
varavarana

galleda de les escombraries
toeram-pako

bústia de correu
boatin-taratasy hafatra

jardí
zaridaina

sala d'estar

efitra fandraisam-bahiny

bany

efitra fandroana

cuina

lakozia

cambra de dormir

efitra fatoriana

cambra de nen

efitranon'ny ankizy

menjador

efi-trano fisakafoanana

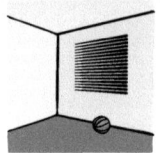

sòl
....
tany

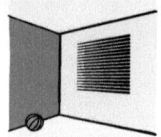

paret
....
rindrina

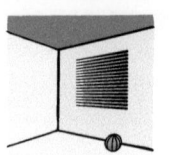

sostre
....
valindrihana

soterrani
....
lakavy

sauna
....
sauna

balcó
....
tsimahalavo

terrassa
....
lavarangana

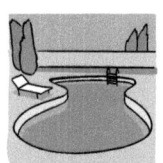

piscina
....
dobo filomanosana

tallagespa
....
mpanapaka bozaka

vànova
....
lambam-pandriana

cobrellit
....
koety

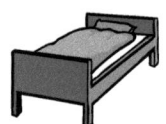

llit
....
fandriana

escombra
....
kifafa

galleda
....
sô

interruptor
....
interrupteur

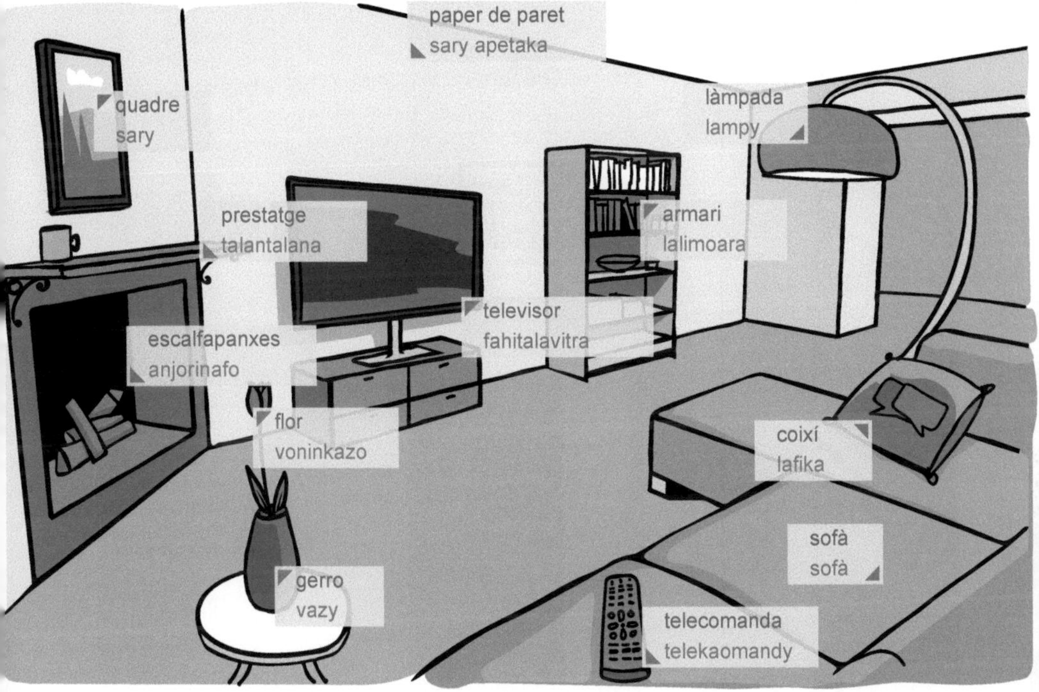

paper de paret
sary apetaka

quadre
sary

làmpada
lampy

prestatge
talantalana

armari
lalimoara

escalfapanxes
anjorinafo

televisor
fahitalavitra

flor
voninkazo

coixí
lafika

sofà
sofà

gerro
vazy

telecomanda
telekaomandy

catifa
tapis

cortina
takom-baravarana

taula
latabatra

cadira
seza

cadira gronxadora
seza savily

cadiral
seza mihaja

llibre

boky

llençol

lamba firakotra

decoració

asa fandravahana

llenya

hazo fandrehitra

film

horonantsary

cadena de música

fitaovana hi-fi

clau

fanalahidy

diari

gazety

pintura

loko

cartell

sary famantarana

ràdio

radio

bloc de notes

kahie fanao tadidy

aspiradora

aspiratera

cactus

raketa

candela

labozia

cuina
lakozia

refrigerador
frizidera
microones
fatana micro-onde
balança de cuina
fandanjana sakafo
torradora
milina fanendy mofo
detergent per a plats
fandiovana
forn
lafaoro
congelador
talatalana fampangatsiahana
galleda de les escombraries
toeram-pako
rentaplats
fanadiovana vilia

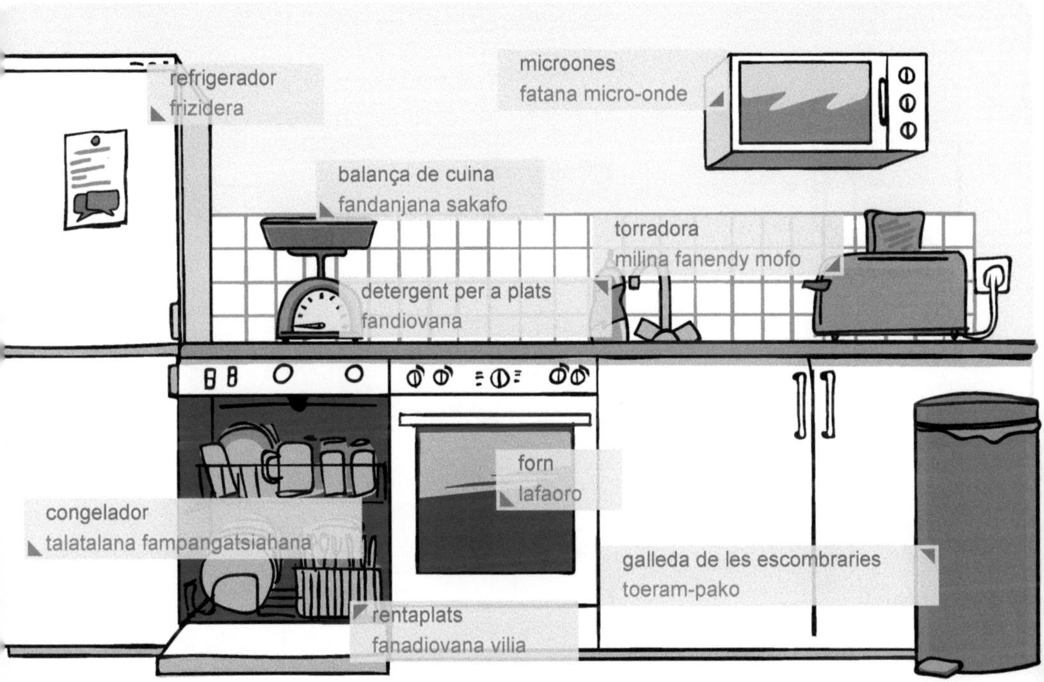

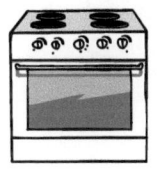

cuina de fogons

lafaoro

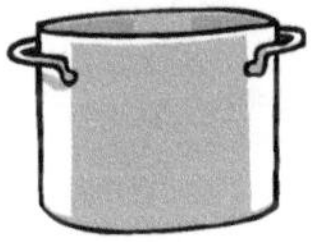

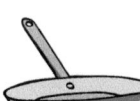

olla

vilany

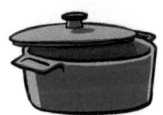

olla de ferro colat

vilany vy

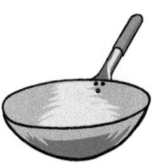

wok / karahi

wok / kadai

paella

lapoaly

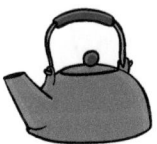

bullidor

fitaovana fampangotrahana rano

olla de vapor

vilany mandeha entona

plata de forn

lovia fisaka

vaixella

fitaovan-dakozia

tassa grossa

zinga

bol

vilia baolina

bastonets xinesos

hazokely fihinanana

culler

sotrobe lavatango

espàtula

spatule

batedor

fanakapohana atody

colador

fanatantavanana

sedàs

lovia sivana

ratllador

fanakikisana

morter

laona

barbacoa

kiendiendy

foc a terra

fivoahan'ny setroka

taula de tallar

akalana fitetehana

corró

kodia fandamàna koba

llevataps

fisontonana bosoa

pot de conserva

boaty

obridor

fanokafana boaty

agafador

fitazomana vilany

aigüera

lavabô

raspall

borosy

esponja

spaonjy

batedora

miksera

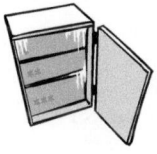

congelador

fitaovana fampangatsiahana

biberó

tavoahanginono

aixeta

paompy

bany
efitra fandroana

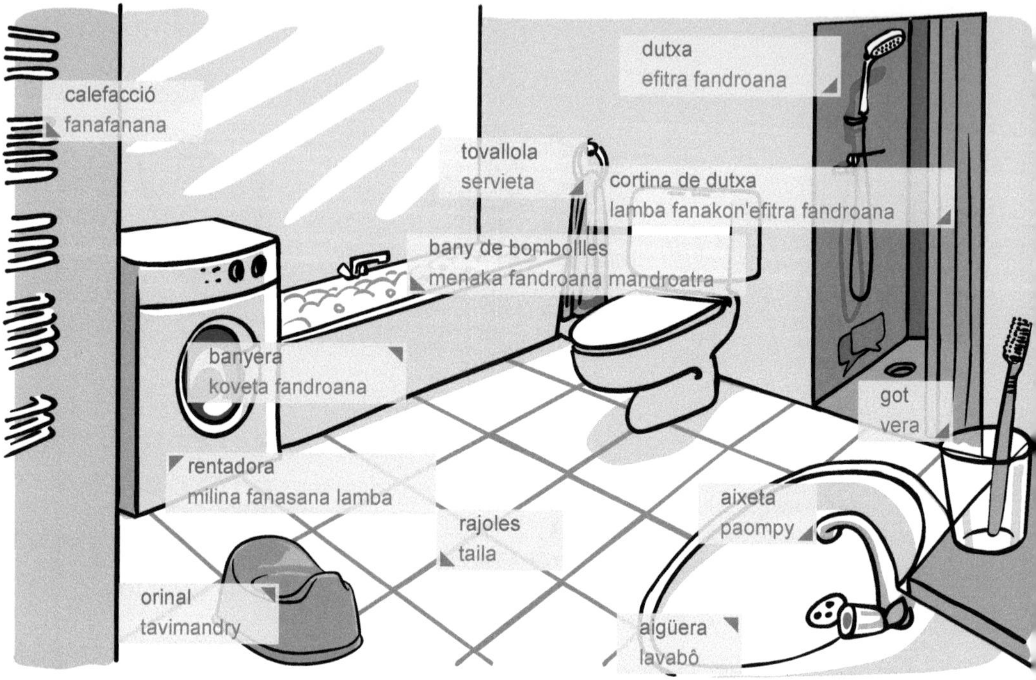

calefacció
fanafanana
tovallola
servieta
dutxa
efitra fandroana
cortina de dutxa
lamba fanakon'efitra fandroana
bany de bombollles
menaka fandroana mandroatra
banyera
koveta fandroana
got
vera
rentadora
milina fanasana lamba
aixeta
paompy
rajoles
taila
orinal
tavimandry
aigüera
lavabô

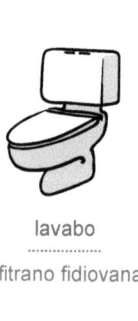

lavabo
efitrano fidiovana

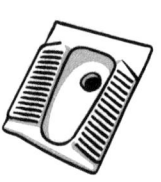

lavabo turc
kabone mitsingo

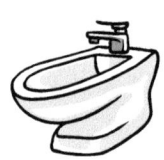

bidet
bidet

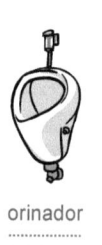

orinador
fipipizana

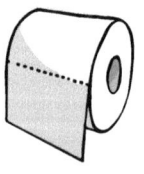

paper higiènic
taratasy fidiovana

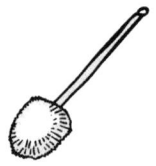

escombreta de sanitari
borosy fampiasa an-kabone

raspall de dents
borosinify

pasta de dents
famotsia-nify

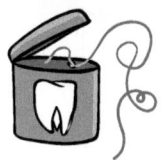

fil dental
kofehy fanadiova-nify

rentar
manasa

pom de dutxa
fisaika enti-tànana

dutxa íntima
fanadiovana fivaviana

rentamans
kovetabe

raspall per a l'esquena
borosin-damosina

sabó
savony

gel de dutxa
gel fampiasa rehefa misaika

xampú
shampoo

manyopla de bany
fonon-tànana enti-misaika

bonera
tsiranoka

crema
crème fanosotra

desodorant
fanalana fofona

mirall

fitaratra

mirall-espill de mà

fitaratra fihaingo

maquineta de rasar

hareza

espuma de barbejar

raotra fiharatra

loció post-rasada

menaka haratra

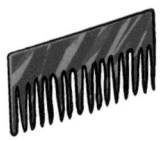

pinta

fiogo

raspall

borosy

eixugador

fitaovana fanamainam-bolo

laca

atsifotra amin'ny volo

maquillatge

fikarakarana tarehy

pintallavis

lokomena

esmalt d'ungles

haingo hoho

cotó

vohavohan-dandihazo

tallaungles

fanapahana hoho

perfum

ranomanitra

estoig de bellesa

fitoerana fitaovana an-kabone

tamboret

sezabory

bàscula

fandanjana olona

barnús

akanjo enti-matory

guants de goma

fonon-tànana enti-manadio

compresa higiènica

servieta fanary

compresa

lamba fampiasa amin'ny fadimbolana

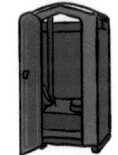

sanitari químic

kabone simika

cambra de nen
efitranon'ny ankizy

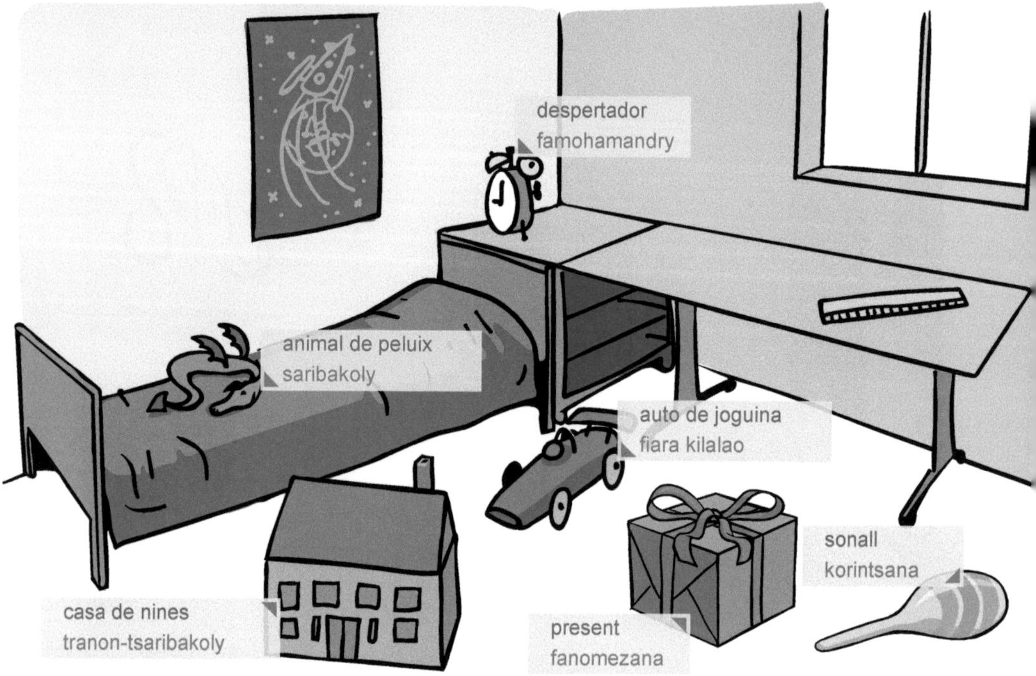

despertador
famohamandry
animal de peluix
saribakoly
auto de joguina
fiara kilalao
sonall
korintsana
casa de nines
tranon-tsaribakoly
present
fanomezana

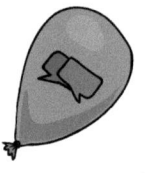

baló

balaonina

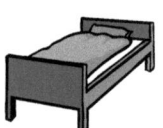

llit

fandriana

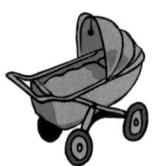

cotxet per a nens

posety

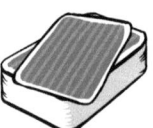

joc de cartes

lalao karatra

trencaclosca

puzzle

SUPER MEGA

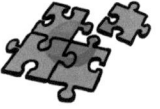

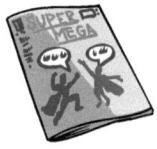

historieta

sariitatra

peces de lego

lalao legô

peces de construcció

kilalao fananganana trano

ninot d'acció

sarivongana kely

granota

grenera

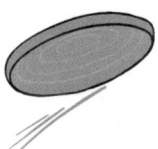

frisbee

Frisbee

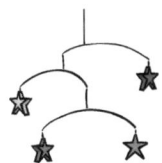

mòbil per a bressol

mobile

joc de taula

jeu de société

daus

kodiakely

tren elèctric

lamasinina kely

xumet

solonono

festa

fety

llibre de dibuixos

boky feno sary

pilota

baolina

nina

saribakoly

jugar

milalao

sorrera

kovetam-pasika

gronxador

savily

joguines

kilalao

consola de jocs de vídeo

kilalao video

tricicle

tricycle

osset de peluix

teddy orsa

armari

fitoeran'akanjo

roba

akanjo

mitjons

bà kiraro

mitges

bàn-tongotra

mitja pantaló

akanjo manara-batana

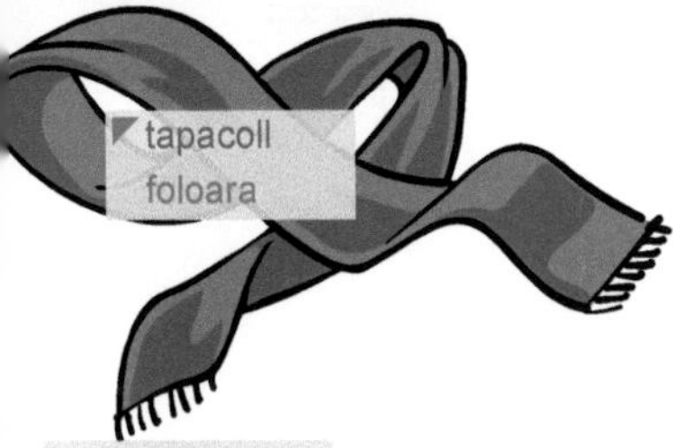

tapacoll
foloara

paraigua
elo

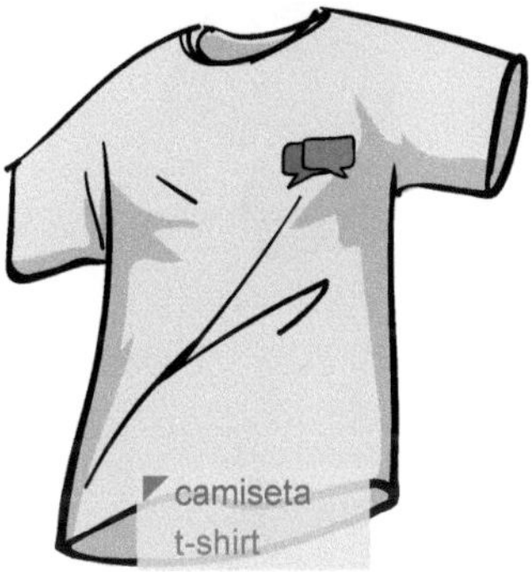

camiseta
t-shirt

cintura
fehin-kibo

botes
baoty

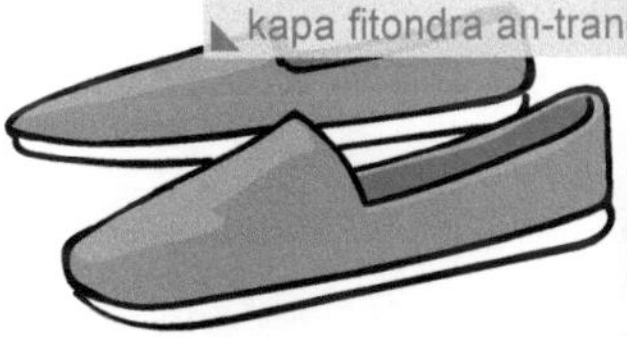

plantofes
kapa fitondra an-trano

sabates d'esport
kiraro tenisy

sandàlies

kapa

sabates

kiraro

botes de goma

baoty fingotra

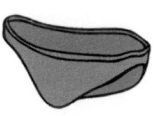

calçonets

atinakanjo

sostenidor

tatinono

guardapits

akanjo feno

jjustacòs

vatana

pantalons

pataloha

jeans

jean

faldeta

zipo

brusa

akanjo ambony

camisa

lobaka

jersei

pull

dessuadora

akanjo sarotro

blazer

palitao

jaqueta

palitao

mantell

palitao

impermeable

akanjo aro-orana

vestit de dona

akanjo fianjaika

vestit de dona

fitafim-behivavy

vestit de núvia

akanjon'ny ampakarina

vestit d'home

akanjo fianjaika

camisa de dormir

akanjo-mandry

pijama

pijamà

sari

sari

mocador de cap

sarondoha

turbant

turban

burca

burqa

caftan

kaftan

abaia

abaya

vestit de bany

akanjo fitondra milomano

calçon(et)s de bany

akanjo fitondra milomano

pantalons curts

pataloha fohy

xandall

akanjo fitena

davantal

tablie

guants

fonon-tànana

botó

bokotra

ulleres

solomaso

braçalet

brasele

collaret

rojo

anell

peratra

orellera

kavina

casquet

satroka

penjador

fanantonana palitao

capell

satroka

corbata

fehivozo

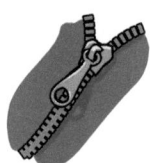

cremallera

hidikorisa

casc

aroloha

elàstics

beritelo

uniforme escolar

fanamian'ny mpianatra

uniforme

fanamiana

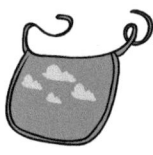

pitet

bavoara

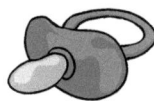

xumet

solonono

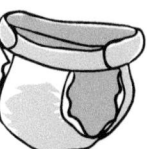

bolquer

taty

oficina

birao

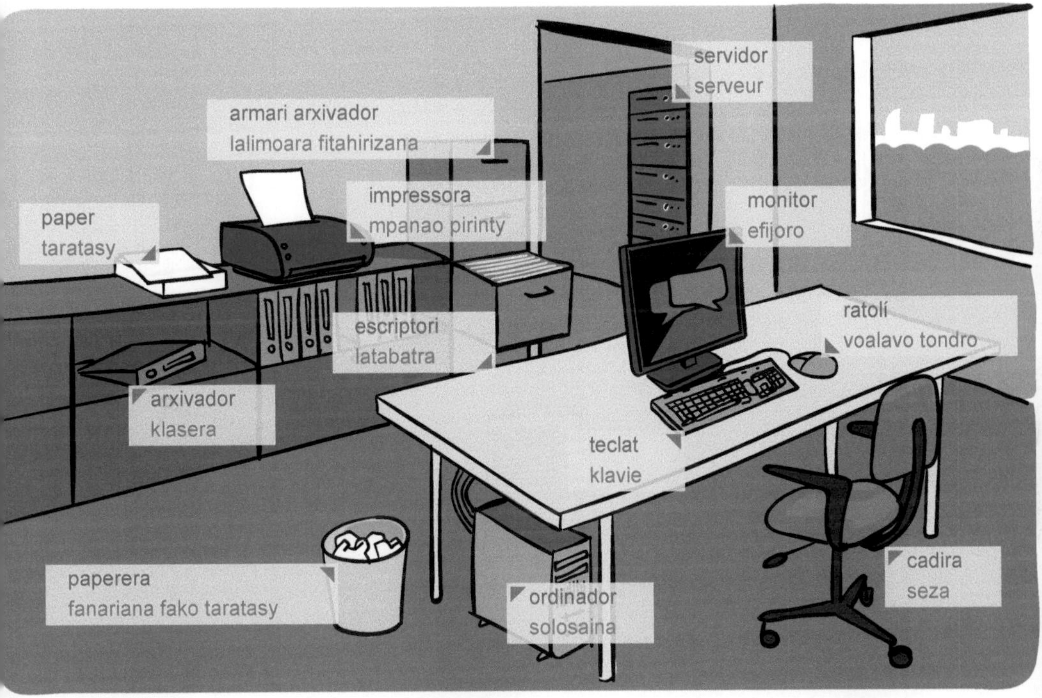

servidor
serveur
armari arxivador
lalimoara fitahirizana
impressora
mpanao pirinty
paper
taratasy
monitor
efijoro
ratolí
voalavo tondro
escriptori
latabatra
arxivador
klasera
teclat
klavie
paperera
fanariana fako taratasy
ordinador
solosaina
cadira
seza

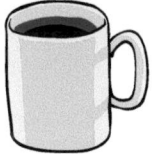

tassa de cafè

kaopin-kafe

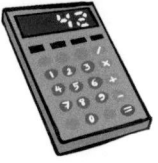

calculadora

mpikajy

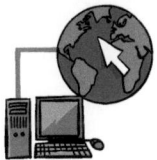

Internet

aterineto

ordinador portàtil

solosaina maivana

lletra

taratasy

missatge

hafatra

mòbil

mobile

xarxa

tambajotra

fotocopiadora

imprimante

programari

rindrambaiko

telèfon

finday

presa de corrent

prizy

fax

fax

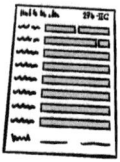

formulari

efitra fenoina

document

fehezan-taratasy

comprar

mividy

pagar

mandoa vola

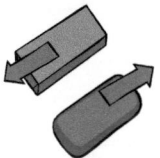

comerciar

misera

diners

vola

dòlar

dôlara

euro

euro

ien

yen

ruble

rouble

franc suís

Franc suisse

renminbi

renminbi yuan

rupia

roupie

caixa automàtica

fangalàna vola

oficina de canvi

toerana fanakalozana vola

or

volamena

argent

volafotsy

petroli

solika

energia

angovo

preu

vidiny

contracte

fifanekena

impost

hetra

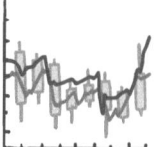

acció

action borsa

treballar

miasa

treballador

mpiasa

empresari

mpampiasa

fàbrica

orinasa

botiga

fivarotana

oficis

asa

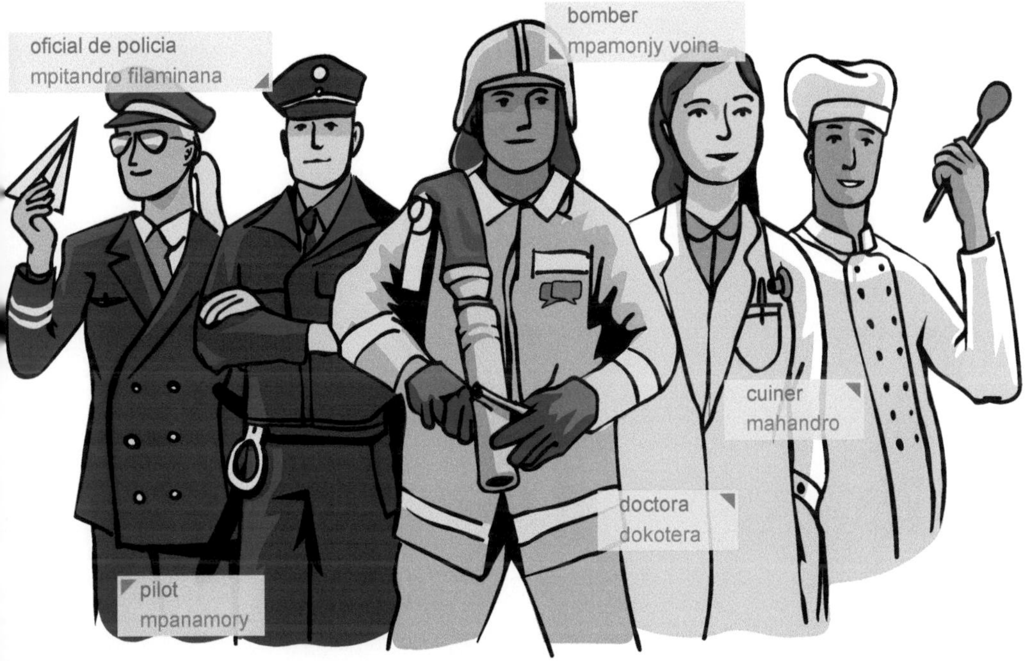
oficial de policia
mpitandro filaminana
bomber
mpamonjy voina
cuiner
mahandro
doctora
dokotera
pilot
mpanamory

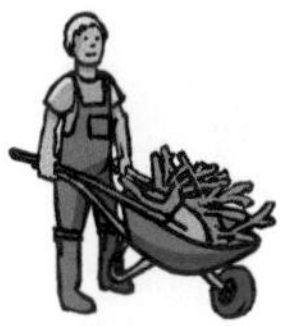

jardiner

mpikarakara zaridaina

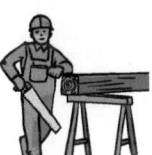

fuster

mpandrafitra

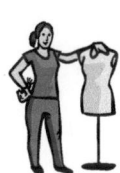

costurera

vehivavy mpanjaitra

jutge

mpitsara

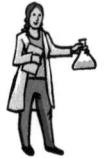

química

mpahay simia

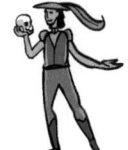

actor

mpilalao sarimihetsika

conductor d'autobús

mpamily fiara fitateram-
bahoaka

taxista

mpamily fiarakaretsaka

pescador

mpanjono

dona de la neteja

vehivavy mpanadio

ensostrador

mpanao tafo

cambrer

mpandroso sakafo

caçador

mpihaza

pintor

mpandoko

forner

mpanao mofo

electricista

elektrisianina

obrer de la construcció

mpanao trano

enginyer

injeniera

carnisser

mivaro-kena

llanterner

plombier

correu

faktera

soldat

miaramila

arquitecte

mpanao mari-trano

caixera

mpandray vola

florista

mpivarotra voninkazo

perruquer

mpanao volo

revisor

mpizara tapakila

mecànic

mpahay mekanika

capità

kapiteny

dentista

mpitsabo nify

científic

siantifika

rabí

raby

imam

imam

monjo

moanina

capellà

pretra

eines

fitaovana

martell
maritoa
tenalles
pince
descaragolador
tournevis
clau anglesa
kle
llanterna
tôrsa

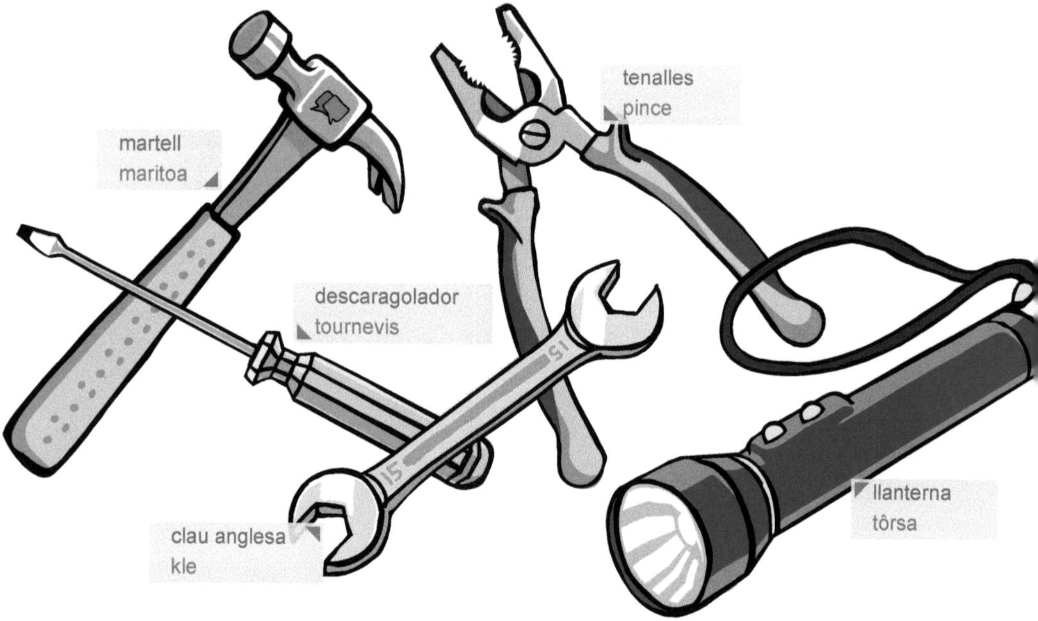

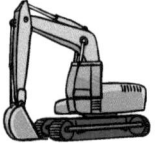

excavadora

pelleteuse

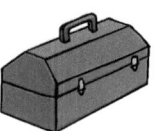

caixa d'eines

boaty fanisy fitaovana

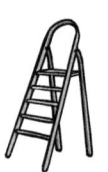

escala

tohatra

serra

tsofa

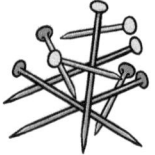

claus

fantsika

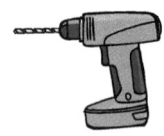

trepant

perceuse

reparar

manarina

pala

lapela

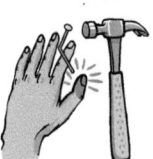

Maleït siga!

Kyy!

pala

angadim-pako

pot de pintura

boatin-doko

caragols

visy

instrument de música
zava-maneno

bateria
vata maro anaka

altaveu
haut-parleur

guitarra
gitara

contrabaix
contrebasse

trompeta
trompetra

piano

vata maro afitsoka

violí

lokanga

baix

basse

timbal

amponga timpani

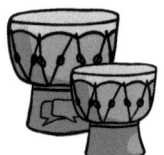

tambor

aponga

teclat

klavie

saxofon

saksa

flauta

sodina

micròfon

mikrao

zoo

valan-javaboary

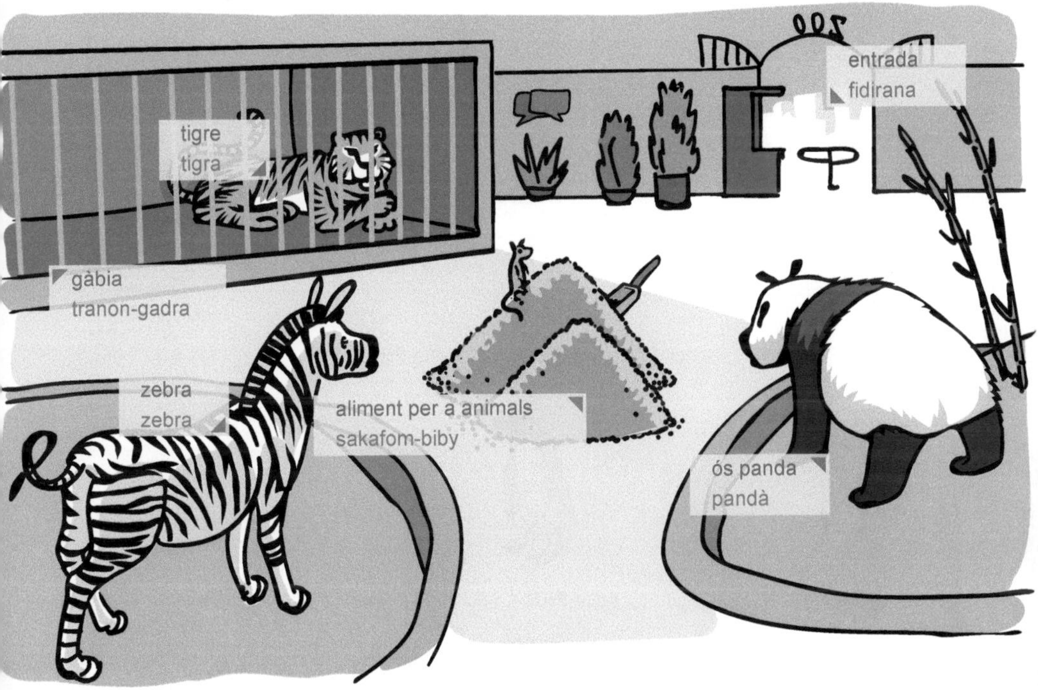
entrada
fidirana
tigre
tigra
gàbia
tranon-gadra
zebra
zebra
aliment per a animals
sakafom-biby
ós panda
pandà

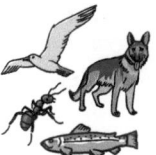

animals

biby

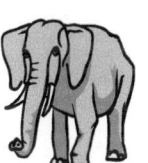

elefant

elefanta

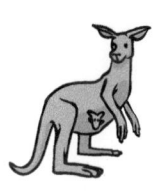

cangurú

kangoroa

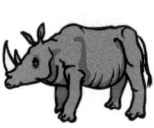

rinoceront

rinôserôsy

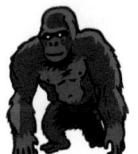

goril·la

gôrila

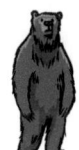

ós

orsa

camell

rameva

estruç

aotrisy

lleó

liona

simi

rajako

flamenc

sama

papagai

boloky

ós polar

orsa polera

pingüí

pengoa

ca mari

atsantsa

paó

vorombola

serp

bibilava

cocodril

voay

guardià del zoo

mpiandry valan-javaboary

foca

fôko

jaguar

jagoara

poni
poney

lleopard
leopara

hipopòtam
hipôpôtamo

girafa
zirafa

àliga
voromahery

senglar
lambo

peix
trondro

tortuga
sokatra

morsa
môrsa

guineu
renard

gasela
gazely

futbol americà
Football amerikana

ciclisme
hazakazaka am-bisikileta

tenis
tennis

bàsquet
baskety

natació
lomano

boxa
boxe

hoquei sobre gel
hockey an-dranomandry

futbol americà
....
baolina kitra

bàdminton
....
badminton

atletisme
....
atletisma

handbol
....
handball

esquí
....
ski

polo
....
polo

activitats
raharaha

saltar
mitsambikina
abraçar
mamihina
riure
mihomehy
anar
mandeha
cantar
mihira
somiar
manonofy
pregar
mivavaka
fer un petó
manoroka

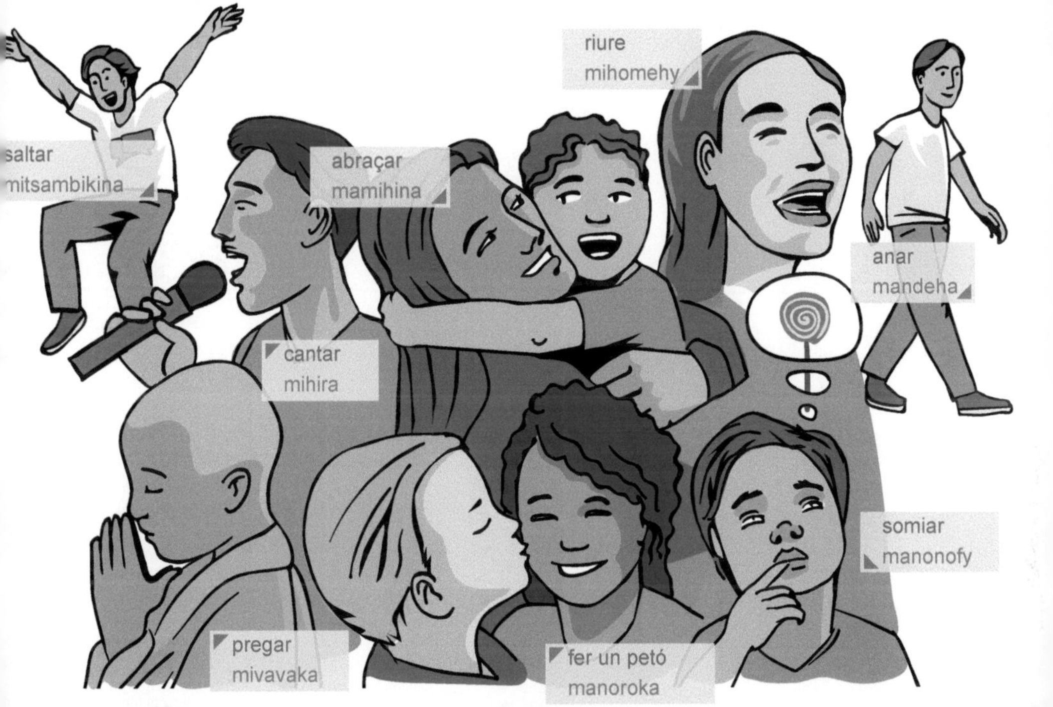

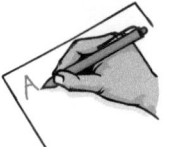

escriure
manoratra

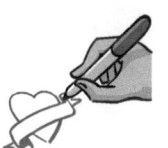

dibuixar
manao sary

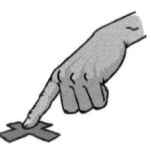

mostrar
maneho

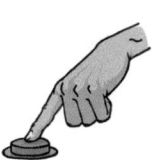

pitjar
manosika

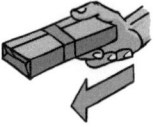

donar
manome

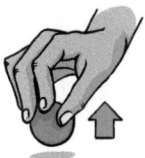

prendre
mandray

tenir

manana

fer

manao

ésser

mizovy

estar dret

mijoro

córrer

mihazakazaka

estirar

misintona

llançar

manary

caure

lavo

jeure

mandry

esperar

miandry

portar

mitondra

asseure's

mipetraka

vestir-se

miakanjo

dormir

matory

despertar-se

mifoha

mirar

mijery

plorar

mitomany

amoixar

fahatapahan'ny lalan-dra

pentinar

fiogo

parlar

miresaka

comprendre

mahay

demanar

milaza

escoltar

mihaino

beure

misotro

menjar

mihinana

endreçar

mandamina

estimar

mitia

cuinar

mahandro

conduir

mamily

volar

lalitra

navegar

miandriaka

calcular

mikajy

llegir

mamaky

aprendre

mianatra

treballar

miasa

casar-se

mivady

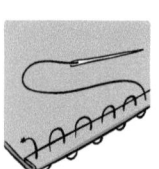

cosir

manjaitra

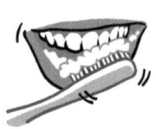

raspallar-se les dents

miborosy nify

matar

mamono

fumar

mifoka

enviar

mandefa

família
fianakaviana

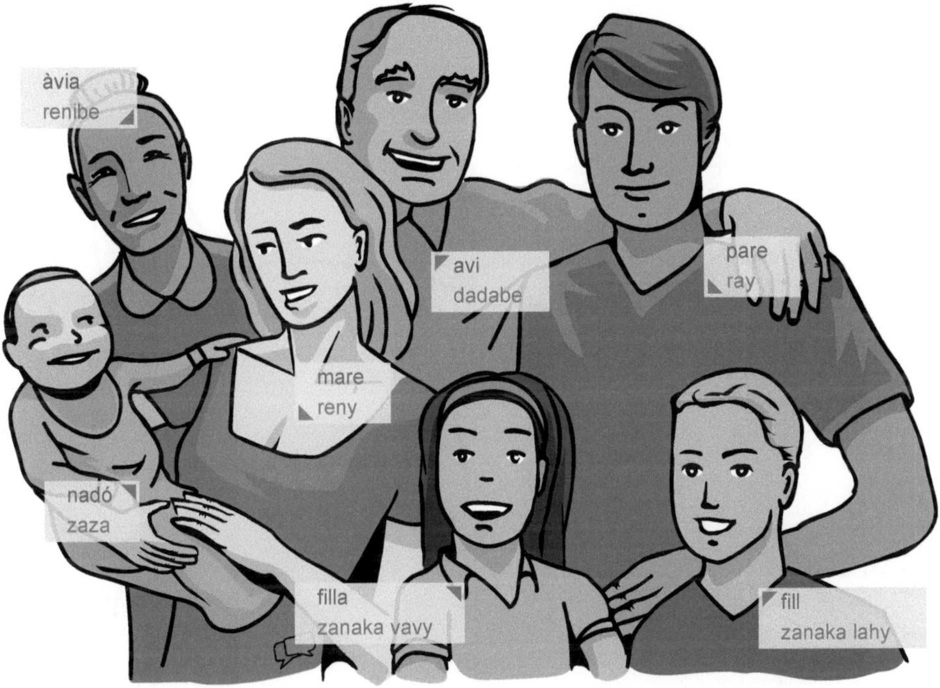

àvia
renibe
avi
dadabe
pare
ray
mare
reny
nadó
zaza
filla
zanaka vavy
fill
zanaka lahy

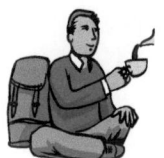

convidat

vahiny

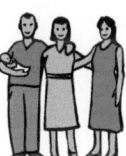

tia

nenitoa

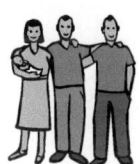

oncle

dadatoa

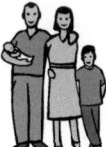

germà

rahalahy

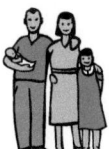

germana

rahavavy

cos

vatana

front
handrina
ull
maso
espatlla
soroka
dit
rantsan-tànana
cara
tarehy
barbeta
saoka
mà
tànana
cama
ranjo
pit
nono
braç
sandry

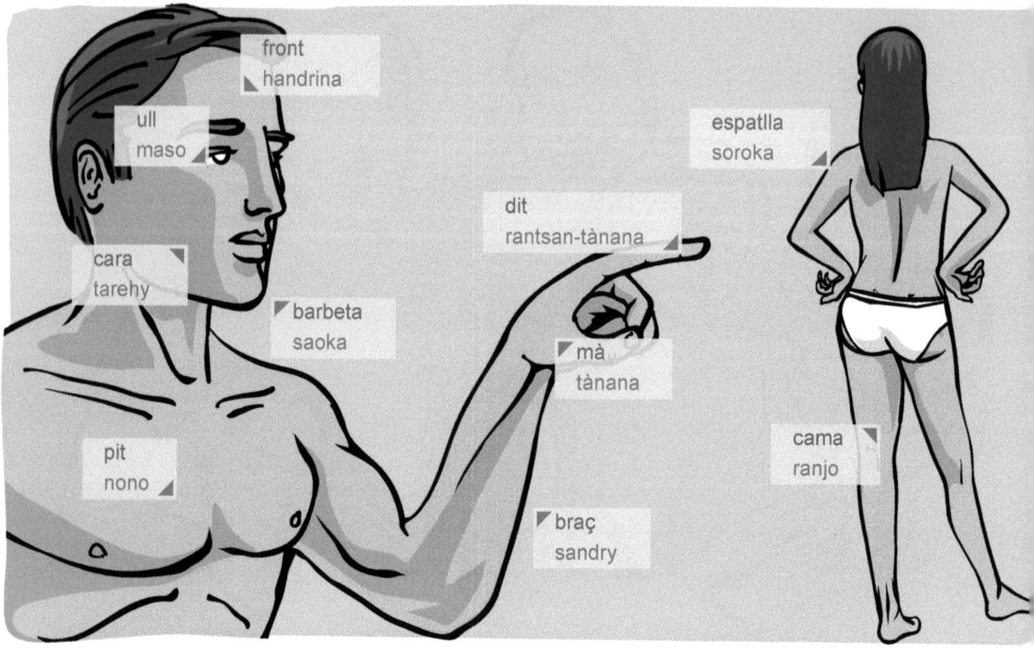

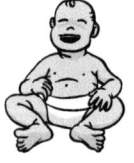

nadó

zaza

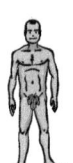

home

lehilahy

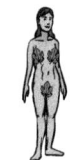

dona

vehivavy

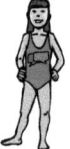

noia

vavy

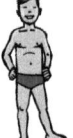

noi

lahy

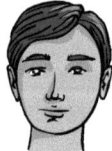

cap

loha

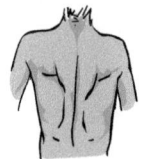

esquena
lamosina

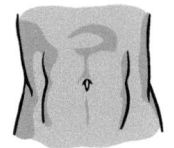

panxa
kibo

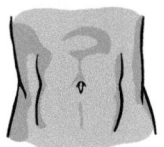

melic
foitra

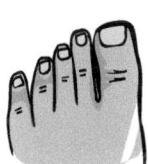

dit gros del peu
rantsan-tongotra

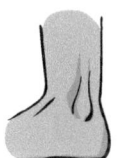

taló
voditongotra

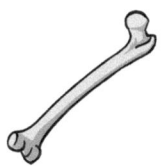

os
taolana

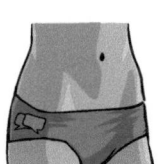

maluc
valahana

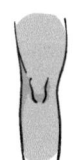

genoll
lohalika

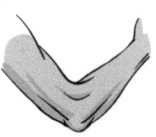

colze
kiho

nas
orona

cul
vody

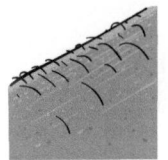

pell
hoditra

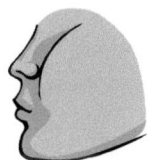

galta
takolaka

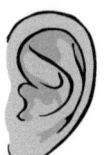

orella
sofina

llavi
molotra

boca

vava

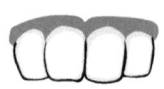

dent

nify

llengua

lela

cervell

saina

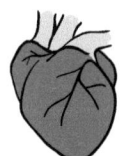

cor

fo

múscul

ozatra

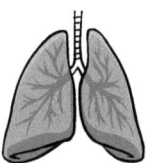

pulmó

havokavoka

fetge

aty

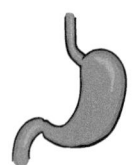

estómac

vavony

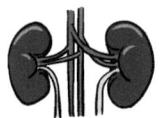

ronyó

voa

relació sexual

firaisana ara-nofo

preservatiu

fimailo

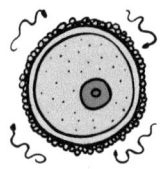

ovari

tsirivavy

semen

ranonaina

prenyat

vohoka

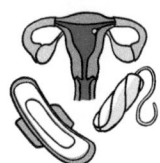

menstruació
....
fadimbolana

vagina
....
fivaviana

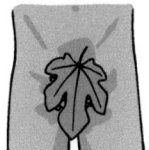

penis
....
filahiana

cella
....
volomaso

cabells
....
volo

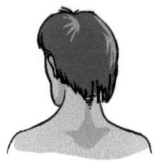

coll
....
tenda

hospital
hopitaly

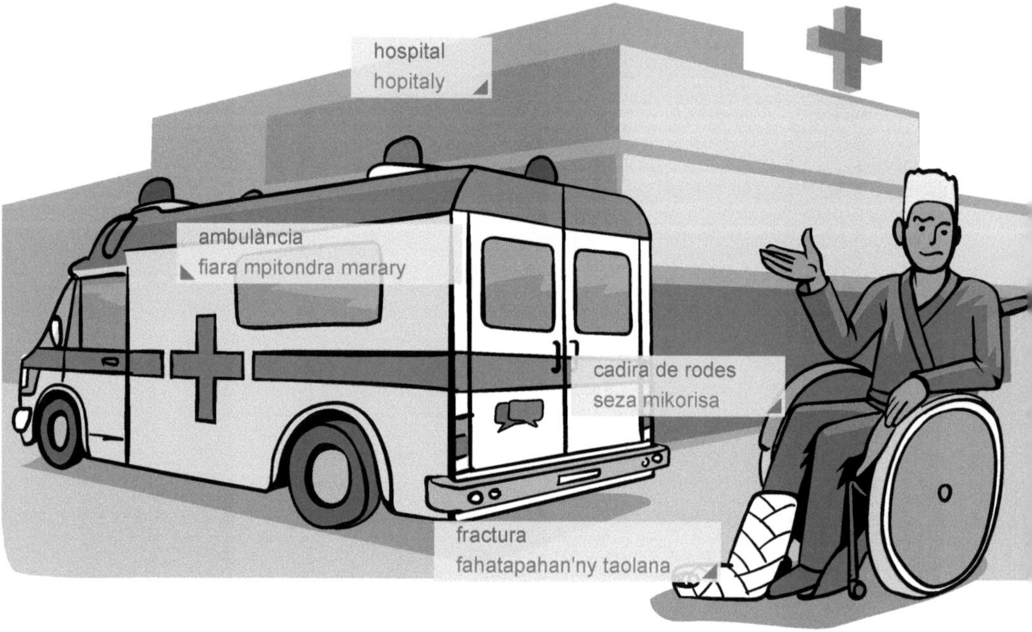

hospital
hopitaly
ambulància
fiara mpitondra marary
cadira de rodes
seza mikorisa
fractura
fahatapahan'ny taolana

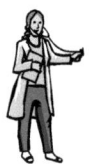

doctora

dokotera

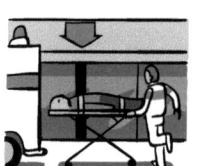

sala d'urgències

efitra vonjy taitra

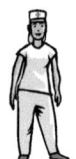

infermera

mpitsabo mpanampy

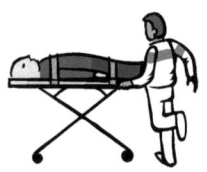

urgència

vonjy taitra

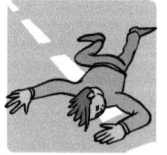

inconscient

tsy mahatsiaro tena

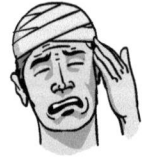

dolor

fanaintainana

ferida

faharatràna

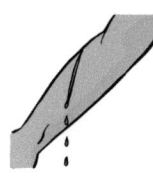

sagnament

mandeha rà

atac de cor

aretim-po

apoplexia

fahatapahan'ny lalan-dra

al·lèrgia

tsy fahazakana sakafo

tos

kohaka

febre

tazo

gripa

gripa

diarrea

fivalanana

mal de cap

aretin'an-doha

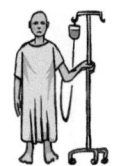

càncer

homamiadana

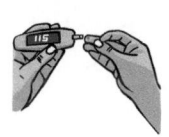

diabetis

diabeta

cirurgià

dokotera mpandidy

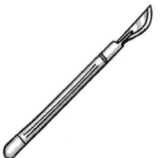

escalpel

antsy fandidiana

operació

fandidiana

tomografia computada (TC), TAC
TC

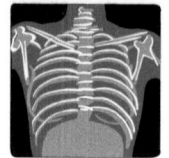

raigs x
taratra X

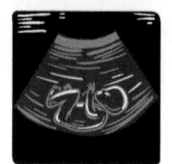

ultrasò
ekôgrafia

mascareta
saron-tava

malaltia
aretina

sala d'espera
efitrano fiandrasana

crossa
tehina

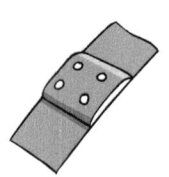

tireta
taha fery

embenat
bandy

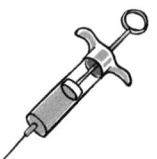

injecció
tsindrona

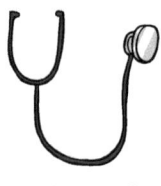

estetoscopi
stetoskopy

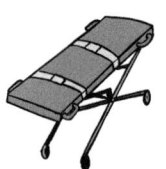

llitera
filanjana marary

termòmetre clínic
fitaovana fitsapana hafanana

pariment
fahaterahana

sobrepès
hatavezana tafahoatra

aparell auditiu

fitaovana fandrenesana

desinfectant

famonoana mikraoba

infecció

fifindràna aretina

virus

viriosy

VIH / SIDA

VIH / SIDA

medicina

fitsaboana

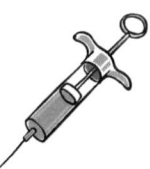

vaccí

vaksiny

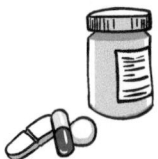

comprimits

pilina

píl·lola

pilina

trucada d'urgència

antso vonjy taitra

tensiòmetre

fitaovana fitsapana tosi-drà

malalt / sà

marary / salama

Socors!

Vonjeo!

alarma

antso fanairana

assalt

herisetra

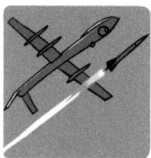

atac

vono

perill

loza

sortida-eixida d'urgència

fivoahana raha misy loza

Foc!

Afo!

extintor

fitaovam-pamonoana afo

accident

loza

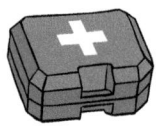

farmaciola de primers auxilis

fitaovam-pitsaboana vonjimaika

SOS

SOS

policia

pôlisy

Europa

Eoropa

Amèrica del Nord

Amerika avaratra

Amèrica del Sud

Amerika atsimo

Àfrica

Afrika

Àsia

Azia

Austràlia

Aostralia

Atlàntic

Atlantika

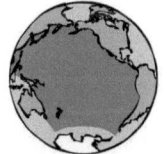

Pacífic

Pasifika

Oceà Índic

Ranomasimbe Indiana

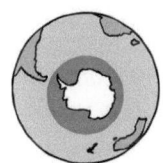

Oceà Antàrtic

Oseana Antarktika

Oceà Àrtic

Oseana Arktika

pol nord

Tendrotany avaratra

pol sud

Tendrotany atsimo

Antàrtida

Antarktika

terra

tany

país

tany

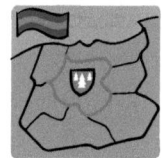

mar

ranomasina

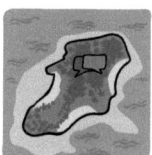

illa

nosy

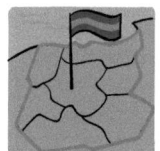

nació

tanindrazana

estat

firenena

quadrant
tavam-pamantaranandro

agulla de les hores
tondro ora

agulla dels minuts
tondro minitra

agulla dels segons
tondro segondra

Quina hora és?
Amin'ny firy izao?

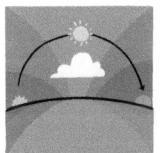

dia
andro

temps
fotoana

ara
izao

rellotge digital
famantaranandro niomerika

minut
minitra

hora
ora

setmana

herinandro

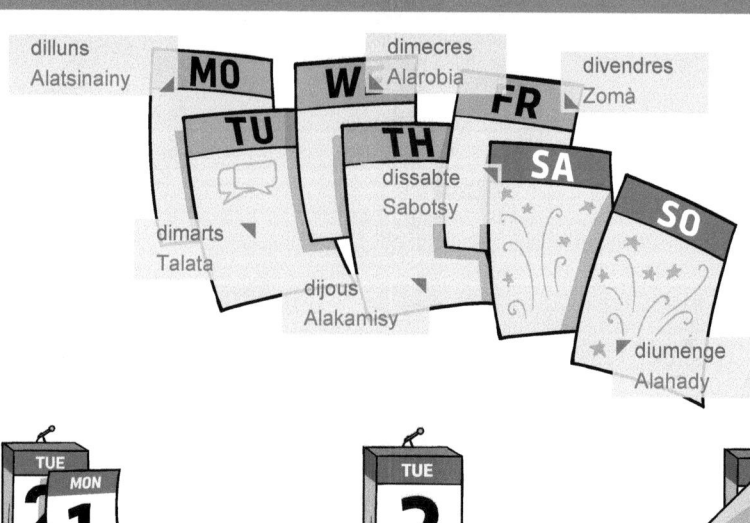

dilluns
Alatsinainy

dimecres
Alarobia

divendres
Zomà

dimarts
Talata

dissabte
Sabotsy

dijous
Alakamisy

diumenge
Alahady

ahir
omaly

avui
androany

demà
ampitso

matí
maraina

migdia
atoandro

tarda
hariva

MO	TU	WE	TH	FR	SA	SU
1	2	3	4	5	6	7
8	9	10	11	12	13	14
15	16	17	18	19	20	21
22	23	24	25	26	27	28
29	30	31	1	2	3	4

dia feiner
adro fiasàna

MO	TU	WE	TH	FR	SA	SU
1	2	3	4	5	6	7
8	9	10	11	12	13	14
15	16	17	18	19	20	21
22	23	24	25	26	27	28
29	30	31	1	2	3	4

cap de setmana
faran'ny herinandro

any
taona

pluja
orana
arc de Sant Martí
avana
neu
ranomandry
vent
rivotra
primavera
lohataona
tardor
fararano
estiu
vanin-taona maina
hivern
ririnina

4.APRIL 11°
5.APRIL 4°
6.APRIL 13°
7.APRIL 8°
8.APRIL 10°

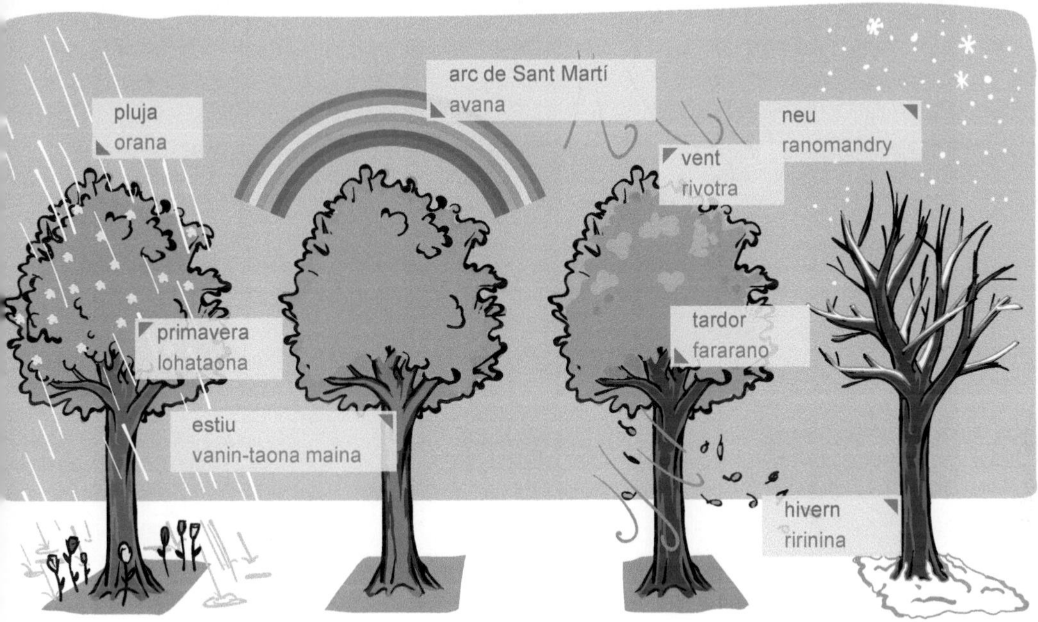

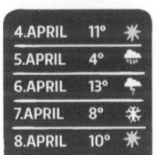

pronòstic del temps

vinavina ara-toetrandro

F
C
120
90
60
30
0
-30
40
30
20
10
0
-10
-20

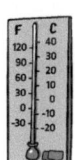

termòmetre

thermomètre

llum del sol

tara-masoandro

núvol

rahona

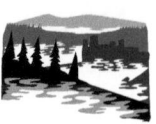

boira

zavona

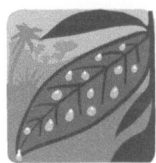

humiditat de l'aire

hamandoana

llamp

tselatra

tro

kotroka

tempesta

tafio-drivotra

calamarsa

havandra

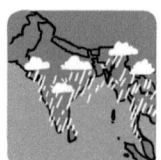

monsó

fahavaratra

inundació

tondra-drano

gel

vaingan-drano

gener

Janoary

febrer

Febroary

març

Martsa

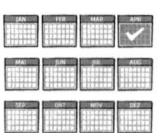

abril

Avrila

maig

Mey

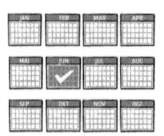

juny

Jiona

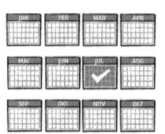

juliol

Jolay

agost

Aogositra

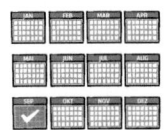

setembre
....
Septambra

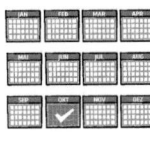

octubre
....
Oktobra

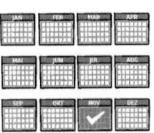

novembre
....
Novambra

desembre
....
Desambra

cercle
....
boribory

quadrat
....
efamira

rectangle
....
efajoro

triangle
....
telozoro

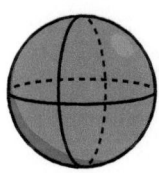

esfera
....
bola

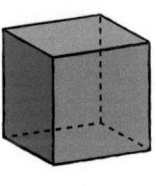

cub
....
goba

blanc

fotsy

groc

mavo

taronja

laoranjy

rosa

mavokely

vermell

mena

lila

voloparasy

blau

manga

verd

maitso

marró

volotany

gris

volondavenona

negre

mainty

molt / poc

betsaka / vitsy

emprenyat / tranquil

tezitra / tony

bonic / lleig

tsara / ratsy

començament / fi

fiandohana / fiafarana

gran / petit

lehibe / kely

clar / fosc

mazava / maloka

germà / germana

rahalahy / rahavavy

net / brut

madio / maloto

complet / incomplet

feno / banga

dia / nit

andro / alina

mort / viu

maty / velona

ample / estret

malalaka / tery

comestible / immenjable

azo hanina / tsy fihinana

dolent / amable

tsivalahara / tsara fanahy

entusiasmat / entediat

endratra / sorena

gros / prim

matavy / mahia

primer / darrer

voalohany / farany

amic / enemic

mpinamana / mpifahavalo

ple / buit

feno / foana

dur / tou

mafy / malefaka

pesant / lleuger

mavesatra / maivana

gana / set

noana / mangetaheta

malalt / sà

marary / salama

il·legal / legal

tsy ara-dalàna / ara-dalàna

intel·ligent / ximple

mahay / vendrana

esquerra / dreta

havia / havanana

prop / llunyà

akaiky / lavitra

nou / usat
vaovao / tranainy

res / quelcom
tsy misy / misy

vell / jove
antitra / tanora

encès / apagat
mandeha / maty

obert / tancat
mivoha / mihidy

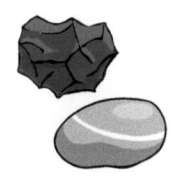

silenciós / sorollós
mangina / mitabataba

ric / pobre
manankarena / mahantra

correcte / incorrecte
marina / diso

aspre / suau
marokoroko / malama

trist / content
malahelo / faly

curt / llarg
fohy / lava

lent / ràpid
mora / faingana

humit / sec - eixut
mando / maina

calent / fred
mafana / mangatsiaka

guerra / pau
ady / fahalemana

0

zero

aotra

1

u

iray

2

dos

roa

3

tres

telo

4

quatre

efatra

5

cinc

dimy

6

sis

enina

7

set

fito

8

vuit

valo

9

nou

sivy

10

deu

folo

11

onze

iraikambinifolo

12

dotze

roambinifolo

13

tretze

teloambinifolo

14

catorze

efatrambinifolo

15

quinze

dimiambinifolo

16

setze

eninambinifolo

17

disset

fitoambinifolo

18

divuit

valoambinifolo

19

dinou

siviambinifolo

20

vint

roapolo

100

cent

zato

1.000

mil

arivo

1.000.000

milió

tapitrisa

anglès

Anglisy

anglès americà

Anglisy amerikana

xinès mandarí

Fiteny sinoa mandarina

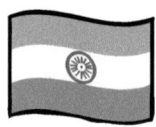

hindi

Hindi

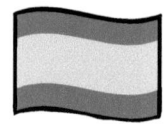

espanyol

Espaniola

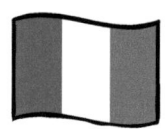

francès

Frantsay

àrab

Fiteny arabo

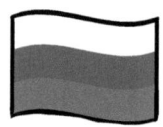

rus

Fiteny rosiana

portuguès

Portogey

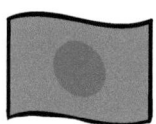

bengalí

Bengaly

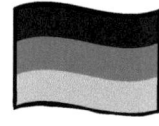

alemany

Alemà

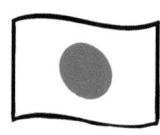

japonès

Japoney

jo

izaho

tu

ianao

ell / ella / allò

izy / io

nosaltres

isika

vosaltres

ianao

ells

zareo

qui?

iza?

què?

inona?

com?

ahoana?

on?

aiza?

quan?

oviana?

nom

anarana

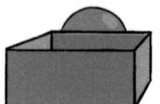

darrere
....
aorina

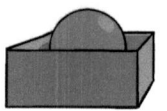

en
....
anaty

davant de
....
anoloana

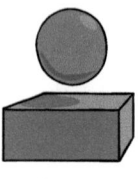

damunt
....
any

sobre
....
ambony

sota
....
ambany

al costat
....
ankila

entre
....
afovoany

lloc
....
toerana